CONFÉRENCES POPULAIRES
FAITES A L'ASILE IMPÉRIAL DE VINCENNES
SOUS LE PATRONAGE
DE S. M. L'IMPÉRATRICE

# LA

# PROPRIÉTÉ

PAR

## H. BAUDRILLART

Membre de l'Institut, Professeur au Collège de France
et à l'Association Polytechnique.

PARIS

LIBRAIRIE DE L. HACHETTE ET Cie

BOULEVARD SAINT-GERMAIN, No 77

Prix : 35 centimes

LA

# PROPRIÉTÉ

IMPRIMERIE L. TOINON ET Cᵉ, A SAINT-GERMAIN.

CONFÉRENCES POPULAIRES
FAITES A L'ASILE IMPÉRIAL DE VINCENNES
SOUS LE PATRONAGE
DE S. M. L'IMPÉRATRICE

# LA

# PROPRIÉTÉ

PAR

## H. BAUDRILLART

Membre de l'Institut, Professeur au Collège de France
et à l'Association Polytechnique.

PARIS
LIBRAIRIE DE L. HACHETTE ET Cie
BOULEVARD SAINT-GERMAIN, Nº 77

1867

# LA

# PROPRIÉTÉ

Messieurs,

Le sujet dont je me propose de vous entretenir est bien vieux dans le monde ; il a
été si souvent traité qu'on pourrait former
une bibliothèque avec les livres qu'il a fait
naître.

Pourtant il semble plus nouveau que jamais, tant il a reçu une nouvelle et souvent bien triste opportunité. La question de la
propriété n'a jamais peut-être autant que
dans ces vingt dernières années occupé de
place dans les discussions, ni tant agité la
société. Qui de vous ne sait que la propriété a été souvent présentée sous des
traits défavorables, même odieux? On l'a
montrée aux masses comme une sorte de
divinité implacable qui se nourrit de vic-

times humaines, comme une usurpatrice qui
a fait sien ce qui devait appartenir à tous.
Qu'est-ce aux yeux de ses adversaires que la
propriété? Une institution de privilége et
de monopole, funeste par sa nature même
à la masse des hommes, et destinée à disparaître devant les progrès de la démocratie.
Le mot la *propriété c'est le vol* est fameux.
Que répondent à ces attaques les partisans de
cette grande institution? Les uns ne repoussent pas la nécessité de raisonner. D'autres
répondent que la propriété est un *mystère*.
C'est, à les en croire, un de ces principes
cachés dans la nuit des temps, un de ces
fondements sacrés de la société, nécessaires,
mais inexplicables, qui sont parce qu'ils
sont, et auxquels on risquerait de porter
atteinte si, même à bonne intention et pour
les défendre, on en approchait la lumière
et on y portait la main. Vous dirai-je que je
crois au contraire que la propriété se recom-
mande par des motifs très-solides et très-
clairs, quand on ne met pas des subtilités à
la place du bon sens? Vous dirai-je que cette

méthode, à force d'être respectueuse, qui renoncerait à l'examen et à la discussion, ne me paraît pas fort prudente ? Elle livre ce qu'elle a l'air de vouloir protéger. La propriété est un fait humain, bien qu'elle ait, comme beaucoup d'autres faits d'une nature permanente et universelle, ses fondements dans l'ordre que Dieu a donné au monde. Elle n'est pas une révélation surnaturelle, un dogme qui s'impose par voie d'autorité. Elle peut donc être examinée, et elle doit l'être sous peine d'être frappée de déchéance devant le raisonnement. Dans l'état d'avancement de l'économie politique et des sciences sociales, elle invoque des raisons tout aussi valables que la liberté de travail ou d'autres vérités, sur lesquelles il n'y a plus guère aujourd'hui de dissentiment dans la masse immense des bons esprits de toutes les nations. Les classes laborieuses qui si souvent entendent la critique doivent entendre la défense. C'est pourquoi je n'éprouve aucune hésitation à porter devant vous la question des origines et des fondements de la propriété et de son utilité sociale, j'allais dire de son utilité démocratique et populaire.

Je veux d'abord vous mettre en garde contre certaines préventions et certaines apparences. Je sais aussi bien que vous que la propriété n'est pas toujours acquise par de légitimes moyens. Si on l'envisage dans l'histoire, on la trouve trop souvent fondée sur la force et la conquête. D'injustes privilèges lui ont fréquemment servi de fondement. La réponse à cette objection, c'est qu'on peut argumenter de la même façon contre les choses les plus dignes de respect et les plus utiles à la société : la religion et la philosophie, le pouvoir et la liberté, la famille et la patrie. Rien de ce qui est humain n'échappe à l'erreur et à l'abus. Un poëte populaire, Béranger, a dit dans sa chanson : la *Sainte-Alliance des peuples*, ce noble chant qui pourrait être appelé aussi bien la *Marseillaise* de la paix :

« Près de la borne ou chaque État commence,
« Aucun épi n'est pur de sang humain. »

Hélas ! rien n'est plus vrai, et ce n'est pas seulement à l'origine des sociétés que les épis ont été abreuvés de cette sanglante rosée. Aujourd'hui encore, dans nos temps de civilisation et quand les États sont déjà bien vieux, le sang coule à flots sous nos yeux au nom de la nationalité. Et pourtant qui donc ignore que la division du genre humain en différents corps de nations, cause de bien des guerres, a été une nécessité, et malgré tout, un grand bienfait pour l'humanité qui ne s'est développée qu'à cette condition et sous cette forme. J'espère vous convaincre que le mal qui s'est autorisé du nom et du prétexte de la propriété, n'en a été, de même, que la rançon en quelque sorte inévitable, et de plus, qu'elle est allée s'épurant, se perfectionnant, se rapprochant de plus en plus du travail et de cet idéal de justice que nous ne devons pas perdre de vue pour juger les institutions humaines. La propriété a encore contre elle, auprès de la masse populaire, une autre apparence fâcheuse. On la confond tantôt avec la classe des propriétaires, tantôt avec l'opulence, qui, à tort ou à raison, et le plus souvent à tort, n'est pas vue d'un bon œil par la masse nécessiteuse.

Disons un mot d'abord de cette confusion. La classe des propriétaires se compose d'hommes, c'est-à-dire qu'il s'y trouve un mélange de bien et de mal. Un adversaire moderne de la propriété tantôt compare les propriétaires à des sangliers, tantôt à des tigres. Ce sont de ces aménités de polémique qui ne tirent pas à conséquence. Je n'en avoue pas moins que les propriétaires ne donnent pas toujours à la propriété les caractères les plus aimables qu'on puisse imaginer. S'il y en a de bons, et c'est la masse, il y en a de durs aussi et c'est toujours à ceux-ci qu'on pense. Et puis, ce propriétaire exerce des droits qui, par eux-mêmes, ne sont pas toujours agréables pour le prochain. Le propriétaire, quelle fâcheuse image je réveille dans l'esprit de l'ouvrier ! c'est le terme à payer, triste échéance qui se pose quelquefois comme un problème insoluble, c'est la dette à rembourser au créancier qui n'attend pas, c'est le dégât qu'il faut rembourser, c'est aussi la borne qu'on rencontre sur son chemin ; en un mot le propriétaire donne l'idée au pauvre de tout ce que d'autres ont et de ce qu'il n'a pas lui-même. En faut-il, en vérité, davantage pour expliquer que la propriété ne soit pas tout ce qu'il y a de plus populaire au monde?

Confondre la propriété avec la fortune est une seconde confusion que je vous signale. Pour que la propriété existe, est-il besoin qu'elle s'étende à de vastes domaines, s'il s'agit de terres ; à de grosses sommes d'argent ou à la possession d'une masse considérable de produits, s'il s'agit de biens mobiliers? Eh non ! messieurs. Qu'elle s'applique seulement à une cabane, à quelques outils, à quelques pièces de monnaie, c'est toujours la propriété. Le degré n'y fait rien. C'est ce qu'on appelle dans les discussions savantes une question de principe. On pourrait tout aussi bien se demander si la propriété est légitime, quand bien même il n'y aurait sur la terre que des propriétés microscopiques.

Entrons donc dans la question même. Parlons d'abord du principe de propriété. Je dépouille tout l'appareil métaphysique dont on l'entoure. Écartons les philosophes et les jurisconsultes. Abordons le sujet avec notre simple bon sens, et, si vous le voulez bien, consultons notre grand fabuliste, le bon La Fontaine, qui a dit tant d'excellentes choses aux hommes en faisant parler les bêtes.

# I

Vous avez lu, je pense, la fable : *la Belette et le Lapin.* La voici en abrégé. Tandis que Jean Lapin est allé faire sa cour « à l'aurore, » c'est-à-dire, s'est levé de bon matin et qu'il prend ses ébats « parmi le thym et la rosée, » dame belette qui est « une rusée » en profite pour prendre possession du trou resté vide. Qui est bien étonné en revenant au gîte ? C'est Jean lapin.

La belette avait mis le nez à la fenêtre.
O dieux hospitaliers! que vois-je ici paraître?
Dit l'animal chassé du paternel logis.
  Holà! madame la belette,
  Que l'on déloge sans trompette,
Ou je vais avertir tous les rats du pays.
La dame au nez pointu répondit que la terre
  Était au premier occupant.
  C'était un beau sujet de guerre
Qu'un logis où lui-même il n'entrait qu'en rampant!
  Et quand ce serait un royaume,
Je voudrais bien savoir, dit-elle, quelle loi
  En a pour toujours fait l'octroi
A Jean, fils ou neveu de Pierre ou de Guillaume,
  Plutôt qu'à Paul, plutôt qu'à moi.
Jean lapin allégua la coutume et l'usage :
Ce sont, dit-il, leurs lois qui m'ont de ce logis
Rendu maître et seigneur, et qui de père en fils
L'ont de Pierre à Simon, puis à moi Jean transmis.

Ainsi voilà la question posée.

Les uns disent avec le lapin de La Fontaine : « la propriété est légitime parce qu'elle est fondée sur la coutume consacrée par la loi. D'autres ont dit comme la belette : « la propriété est légitime parce qu'elle a pour fondement une occupation primitive d'un sol ou d'un objet quelconque. »

Eh bien ! je vais vous dire tout de suite que l'explication qui fonde le droit primitif de propriété sur la loi ne suffit pas et qu'elle laisse infiniment à désirer. Si la propriété que la loi garantit n'avait pas d'autre fondement, il n'y aurait rien à en conclure sur sa justice ; car, d'une part, il y a eu, vous le savez bien, des lois injustes, et de l'autre la justice est indépendante de la loi ; elle lui est, comme on a dit, *antérieure* et *supérieure*. Voici des exemples : tuer, frapper, voler, ne pas restituer par fraude ce qu'on a promis de rendre sont des actes injustes. Est-ce que votre conscience ne vous le crie point, quand bien même il n'y aurait pas de lois écrites ? Eh bien ! cela, c'est ce qu'on appelle le *droit naturel*. Si je ne prends pas la montre ou la bourse de mon voisin, quand même j'aurais la certitude que personne n'en saura jamais rien, et que par conséquent la loi ne m'atteindra pas, c'est parce que je respecte le droit naturel. Je serais coupable à mes propres yeux, si je manquais à ses prescriptions.

Vous me direz : il y a aussi la sanction

religieuse, les commandements de Dieu.
Oui, sans doute, mais le droit naturel, la justice naturelle a son fondement dans la conscience humaine qui est aussi une émanation
de la divinité indépendante de toute révélation spéciale. Les plus orthodoxes chré-
tiens, la plupart des Pères de l'Église, sinon
tous, les docteurs les plus illustres, reconnaissent cette justice naturelle qu'on ne peut
enfreindre sans remords, et sans s'exposer
à de justes mépris et à de justes peines ; ils
la reconnaissent comme ayant sans douté
dans les vérités religieuses, telles que la révélation les présente, un complément, une
sanction, mais non pas leur origine ni
l'explication de leur caractère obligatoire. Le
droit et le devoir sont choses sacrées par elles-
mêmes. Pour reconnaître qu'un homme qui
vous frappe sans motif ou par un motif fri-
vole, se donne un tort grave, vous n'avez pas
besoin de l'enseignement, si saint qu'il soit,
du catéchisme.

Si la loi sans la justice, née d'une pure et
simple convention, était le seul fondement

de la propriété, vous comprendrez en second
lieu qu'il y aurait là de graves inconvénients.
D'abord ce serait un fondement bien mobile.
On pourrait la modifier et même la détruire
législativement. La propriété serait juste ou
injuste selon qu'il passerait dans la tête du
législateur. Dans un pays qui a vu tant de
révolutions, combien le droit eût été chan-
geant ! Non, messieurs, ne blasphémons pas
ainsi... Ne croyons pas qu'il suffit que le
gouvernement s'appelle république ou monarchie pour changer cette chose sacrée, le
droit ! Si la propriété résultait seulement d'une
convention, si elle n'avait pas un principe
plus élevé qu'arriverait-il ? Le voici : ce que
je vais vous dire est de l'histoire.

Dans les pays républicains tout appartiendrait à l'assemblée ou au pouvoir qui gou-
verne ; dans les pays de monarchie pure,
tout appartiendrait au roi, qui est censé
auteur de la loi, et qui pourrait dire,
comme Louis XIV : « *l'État, c'est moi.* »
J'ai nommé Louis XIV. En effet, Louis XIV,
ce type du souverain absolu, croyait qu'il

n'y avait en France d'autre propriétaire que
lui. Ceux que nous appelons propriétaires
n'avaient que l'usufruit de leur bien par
pure tolérance. Il n'avait pas inventé cela.
Non ; de bonne foi il répétait ce qu'ensei-
gnaient la plupart des légistes de ce temps.
C'est ainsi qu'il écrivait dans son *Instruction au Dauphin* : « Les rois sont sei-
gneurs absolus et ont naturellement la
disposition pleine et libre de tous les biens
qui sont possédés. » Dans un écrit intitulé :
*Testament politique de M. de Louvois*, on lit
ce qui suit, adressé au prince lui-même :
« Tous vos sujets, quels qu'ils soient, vous
doivent leur personne, leurs biens, leur
sang, sans avoir droit de rien prétendre.
*En vous sacrifiant tout ce qu'ils ont, ils font
leur devoir, et ne vous donnent rien, puisque
tout est à vous.* »

Eh bien ! il y a un autre souverain, aussi
puissant que Louis XIV, je veux dire Napoléon Ier, qui a répondu à cela. En pleine
séance du conseil d'État, il s'écriait un jour :
« La propriété est inviolable. Napoléon lui-

même, avec les nombreuses armées qui sont
à sa disposition, ne pourrait s'emparer d'un
champ; car violer le droit de propriété dans
un seul, c'est le violer dans tous. »

Ainsi vous comprenez le danger de la théorie de la loi, origine unique du droit de propriété; elle mène à l'État propriétaire unique
et absolu. Théorie menaçante, non pas seulement pour les propriétés, mais pour les
personnes. Aujourd'hui on me prendra ma
cabane, demain on m'enfermera dans quelque bastille , où on me fera disparaître et
on me mettra à mort sans jugement. Cela
s'est, en effet, passé de la sorte.

En outre, et ceci vous regarde, si on n'a
nul égard à ma propriété, pourquoi respecter
la liberté du travail, cette propriété des bras
et de l'intelligence? Aussi, dans tous les pays
où la propriété n'est pas respectée, sachez
bien ceci : le travailleur est horriblement op-
primé. Il en est ainsi dans beaucoup de contrées de l'Orient. Il en était ainsi dans l'antiquité où le travailleur était esclave. C'était
de même chez nous dans une forte mesure

avant la révolution dë 1789. Le droit de travailler était, en ce temps-là, ainsi que le droit de posséder, considéré comme étant du domaine royal ; en d'autres termes travailler était un *privilége* que l'autorité supérieure pouvait seule accorder. Ni l'exercice du travail ni le fruit du travail n'appartenaient au travailleur. Quel système , messieurs, que celui qui mène à de telles oppressions, en méconnaissant le droit, et qui ose dire : « Tout est à l'État, personnes et biens » ! et quel intérêt ont les travailleurs à ne pas admettre cette omnipotence de l'État sur les propriétés qui va droit à la confiscation des personnes ! Non, la loi n'a pas lë droit de tout faire, dans le cas même où elle en aurait le pouvoir !

Et maintenant vous l'avez compris : malgré tout ce que peut dire le lapin de Lafontaine, qui avait raison de réclamer son terrier, mais qui n'en donnait pas les meilleurs motifs, la loi et l'usage ne suffisent pas à justifier seuls et par eux-mêmes la propriété, quoique la loi la garantisse et que l'usage

assurément la consacre. Faut-il donc dire
avec dame belette [1] que la première occupation est le vrai fondement du droit de
propriété ? Nous répondrons : Oui, mais sous
certaines conditions. Qu'est-ce d'abord que le
droit de premier occupant? Quand une terre
est sans maître dans une société nouvelle,
dans des contrées non cultivées, je vous cite-
rai tout à l'heure les États-Unis, s'en empare
qui veut, moyennant une simple déclaration
et un petit impôt. Le bois d'un arbre, le fruit
qui pend à ses branches dans une forêt vierge
appartiennent au premier sauvage qui y met la
main. Pourquoi cela ? Parce que l'homme,
messieurs, a droit sur les choses. L'homme
s'appartient, et au nom de la supériorité que
lui donnent sa raison et sa liberté qui fait de

1. Je pourrais faire observer que dame belette,
invoquant le droit de premier occupant, n'est
pas fort bonne logicienne. En effet le lapin occu-
pait le terrier avant elle. Mais il ne faut pas se
montrer si difficile avec la poésie et les poëtes, et
il vaut mieux se borner à voir là aux prises deux
des raisons par lesquelles on a prétendu expliquer le droit de propriété.

lui une personne morale, il a un empire naturel sur le monde auquel l'intelligence et la
liberté n'ont pas été attribuées. Détruire sans
motif est sans doute un acte sauvage et quelquefois criminel. Mais détruire en vue de
son utilité est permis à l'homme. Il détruit
l'arbre pour en tirer le bois qui servira à lui
procurer de la chaleur, ou qu'il emploiera à
la construction destinée à l'abriter. Il pourra
aussi s'approprier les animaux, les appri-
voiser, en faire ses serviteurs, et même, sans
qu'il s'explique bien cette loi de destruc-
tion qu'il n'a pas faite, les tuer pour se nourrir de leur chair. Tout cela a lieu sans crime,
est permis par la conscience la plus éclairée,
la plus timorée, comme par le code de tous
les peuples, et, à part quelques sectes religieuses de l'Inde ou certaines sociétés de
tempérance qui protestent contre l'usage de la
viande en se réduisant aux légumes, tout cela
est accepté, on peut le dire, universellement.

La première occupation est une condition
de la propriété primitive, mais il faut un
élément de plus. Je suis sûr que déjà vous

m'avez deviné. Supposons que la première
occupation suffise sans condition, les sauvages qui habitaient les forêts de l'Amérique
auraient donc eu le droit, quelle qu'en fût
l'étendue, de s'en dire les propriétaires, et
de repousser par la force toute tentative de
culture faite par d'autres que par eux. Ro-
binson Crusoé aurait donc pu se croire seul
et unique propriétaire de toute son île,
même de la partie qu'il ne cultivait pas, et
tirer des coups de fusil aux voyageurs qui
auraient voulu prendre possession de la partie qu'il n'avait pas transformée par son
travail. De bonne foi ne serait-ce pas ab-
surde? La première occupation c'est notre
droit vis-à-vis des choses et vis-à-vis de
nos semblables. Elle légitime l'appropriation
de tout ce qui n'est pas occupé antérieure-
ment; mais encore faut-il qu'elle se soit
manifestée par une prise de possession sérieuse, par des efforts prolongés, *méritoires*,
par une modification que ces efforts ont fait
subir à l'objet occupé, en un mot, par le
travail.

Le travail ! quel mot j'ai prononcé ! L'effort *méritoire* mis à l'origine de la propriété, quelle révolution dans les idées qui la faisaient naître de la force et consacrer par la loi ! Quelle promesse pour l'avenir il y a dans cette explication par le travail persévérant, instruit, habile, que l'épargne accompagne ! Combien c'est là un fondement propre à rattacher la démocratie à la propriété.

Voulez-vous une confirmation sous forme d'exemple de ce que je viens de vous dire en termes simples et clairs, ce me semble, sur le droit de propriété expliqué par l'occupation sous la condition du travail qui n'est qu'une occupation sérieuse et prolongée à l'aide d'efforts suivis ? Je l'emprunterai à un grand écrivain, très dévoué à la cause du peuple, quoiqu'il n'ait pas toujours, dans ses écrits politiques, fort bien compris ses intérêts. L'éloquent J.-J. Rousseau, messieurs, avait d'abord attaqué la propriété. Il avait écrit contre elle ces lignes depuis lors bien des fois citées : « Le premier qui, ayant enclos un terrain, s'avisa de dire : *Ceci est à moi*, et

trouva des gens assez simples pour le croire,
fut le vrai fondateur de la société civile.
Que de crimes, de guerres, de meurtres, que
de misères et d'horreurs n'eût point épar-
gnés au genre humain celui qui, arrachant
les pieux ou comblant le fossé, eût crié à
ses semblables : Gardez-vous d'écouter cet
imposteur ; vous êtes perdus, si vous oubliez
que les fruits sont à tous et que la terre n'est
à personne. » Cela se trouve dans son *Dis-
cours sur l'inégalité des conditions*, où il
exalte les mérites des sauvages qu'il croit
exempts de maladies et de vices, ce qui est
faux, car ils ont beaucoup de rhumatismes
et d'autres maladies, ces sauvages qu'on se
figure toujours si sains et si vigoureux, et
j'ajouterai, au point de vue des vertus qu'on
leur prête, qu'ils sont souvent cruels, vindi-
catifs et ivrognes. J.-J. Rousseau adressa
ce livre, où il faisait l'éloge des sauvages, à
un autre grand homme du dernier siècle, à
Voltaire, avec lequel il n'était pas encore
brouillé. Or, Voltaire, qui est peut-être le
plus spirituel des écrivains de la France

et du monde, et qui, fort épris de théâtre,
de poésie, d'élégance et de tout ce qui fait
la civilisation commode et brillante, n'avait
pas le même goût que Rousseau pour
la vie sauvage, lui répondit de la façon la
plus piquante et avec un bon sens parfait :
« On n'a jamais employé tant d'esprit à nous
rendre bêtes ; il prend envie de marcher à
quatre pattes quand on lit votre ouvrage.
Cependant, comme il y a plus de soixante
ans que j'en ai perdu l'habitude, je sens
malheureusement qu'il m'est impossible de
la reprendre et je laisse cette allure naturelle à ceux qui en sont plus dignes que vous et
moi. Je ne peux non plus m'embarquer pour
aller trouver les sauvages du Canada ; pre-
mièrement, parce que les maladies dont je
suis accablé me retiennent auprès du plus
grand médecin de l'Europe, et que je ne
trouverais pas les mêmes secours chez les
Missouris ; secondement, parce que la guerre
est portée dans ces pays-là, et, que les exemples de nos nations ont rendu les sauvages
presque aussi méchants que nous. Je me borne

2

à être un sauvage paisible dans la solitude que j'ai choisie, auprès de votre patrie où vous devriez être.» En effet, J.-J. Rousseau était de Genève, et Voltaire habitait tout près de cette ville, à Ferney, où il se trouvait sur les frontières de la France, plus libre dans cet asile reculé d'écrire tout ce qu'il avait de bon et aussi quelquefois de mauvais à dire au monde qui l'écoutait comme un oracle.

Eh bien, J.-J. Rousseau, qui avait atta- qué la propriété en même temps que la civi- lisation, sembla s'en repentir plus tard quand il écrivit un livre sur l'éducation, et voici comment, à l'aide d'une scène habi- lement arrangée, que je vais vous lire, il s'y prend pour inculquer à son *Émile*, c'est le nom de son élève, la première notion de pro- priété, et lui montrer qu'elle a réellement sa première origine dans le travail, sous la con- dition d'une occupation antérieure.

« Il s'agit, dit-il, de remonter à l'origine de la propriété ; car c'est de là que la pre- mière idée en doit naître. L'enfant vivant à la campagne aura pris quelque notion des travaux champêtres ; il ne faut pour cela que des yeux, du loisir, et il aura l'un et l'autre. Il est de tout âge, surtout du sien, de vouloir créer, imiter, produire, donner des signes de puissance et d'activité. Il n'aura pas vu deux fois labourer un jardin, semer, lever, croître des légumes, qu'il voudra jardiner à son tour.

» Par les principes ci-devant établis, je ne m'oppose point à son envie : au contraire, je la favorise, je partage son goût, je travaille avec lui, non pour son plaisir, mais pour le mien ; du moins il le croit ainsi : je deviens son garçon jardinier ; en attendant qu'il ait des bras, je laboure pour lui la terre : il en prend possession en y plantant une fève ; et sûrement cette possession est plus respectable que celle que prenait Nunès Balbao de l'Amérique méridionale au nom du roi d'Espagne, en plantant son étendard sur les côtes de la mer du Sud.

» On vient tous les jours arroser les fèves, on les voit lever dans des transports de joie.

J'augmente cette joie en lui disant : « Cela
vous appartient » et, lui expliquant alors ce
terme appartenir, je lui fais sentir qu'il a
mis là son temps, son travail, sa peine, sa
personne enfin ; qu'il y a dans cette terre
quelque chose de lui-même qu'il peut réclamer contre qui que ce soit, comme il pourrait retirer son bras de la main d'un autre
homme qui voudrait le retenir malgré
lui.

» Un beau jour il arrive empressé, et l'ar-
rosoir à la main. O spectacle ! ô douleur !
toutes les fèves sont arrachées, tout le terrain
est bouleversé, la place même ne se recon-
naît plus. « Ah ! qu'est devenu mon travail,
mon ouvrage, le doux fruit de mes soins et
de mes sueurs? Qui m'a ravi mon bien ? qui
m'a pris mes fèves?» Ce jeune cœur se sou-
lève ; le premier sentiment de l'injustice y
vient verser sa triste amertume ; les larmes
coulent en ruisseaux ; l'enfant désolé rem-
plit l'air de gémissements et de cris. On
prend part à sa peine, à son indignation ;
on cherche, on s'informe, on fait des perqui-

sitions. Enfin l'on découvre que le jardinier a fait le coup ; on le fait venir.

» Mais nous voici bien loin de compte. Le jardinier apprenant de quoi on se plaint, commence à se plaindre plus haut que nous. « Quoi! messieurs, c'est vous qui m'avez ainsi gâté mon ouvrage! j'avais semé là des melons de Malte, dont la graine m'avait été donnée comme un trésor, et desquels j'espérais vous régaler quand ils seraient mûrs ; mais voilà que, pour y planter vos misérables fèves, vous m'avez détruit mes melons déjà tout levés, et que je ne remplacerai jamais. Vous m'avez fait un tort irréparable, et vous vous êtes privés vous-mêmes du plaisir de manger des melons exquis.

» Jean Jacques. — Excusez - nous, mon pauvre Robert. Vous aviez mis là votre travail, votre peine. Je vois bien que nous avons eu tort de gâter votre ouvrage ; mais nous vous ferons venir d'autres graines de Malte, et nous ne travaillerons plus la terre avant de savoir si quelqu'un n'y a pas mis la main avant nous.

» Robert. — Eh bien ! messieurs, vous pouvez donc vous reposer, car il n'y a plus guère de terre en friche. Moi, je travaille celle que mon père a bonifiée ; chacun en fait autant de son côté, et toutes les terres que vous voyez sont occupées depuis longtemps.

» Émile. — Monsieur Robert, il y a donc souvent de la graine de melon perdue ?

» Robert. — Pardonnez-moi, mon jeune cadet ; car il ne nous vient pas souvent de petits messieurs aussi étourdis que vous. Personne ne touche au terrain de son voisin ; chacun respecte le travail des autres, afin que le sien soit en sûreté.

» Émile. — Mais moi je n'ai point de jardin.

» Robert. — Que m'importe ? si vous gâtez le mien, je ne vous y laisserai plus promener, car, voyez-vous, je ne veux pas perdre ma peine.

» Jean-Jacques. — Ne pourrait-on pas proposer un arrangement au bon Robert ; qu'il nous accorde, à mon petit ami et à moi, un petit coin de son jardin pour le cultiver, à condition qu'il aura la moitié du produit.

» Robert. —Je vous l'accorde sans condition. Mais souvenez-vous que j'irai labourer vos fèves si vous touchez à mes melons. »

» Dans cet essai de la manière d'inculquer aux enfants les notions primitives, on voit comment l'idée de la propriété remonte naturellement au droit de premier occupant par le travail. »

Eh bien ! je ne vous ai pas dit autre chose que ce que dit au jeune Émile le jardinier Robert.

Le travail, voilà donc l'origine première de la propriété; c'est l'opinion de Rousseau arrivé à toute la maturité de sa pensée et de son génie, c'est l'opinion des économistes de son siècle et aussi du nôtre; le travail, disons-nous, rendu sacré lui-même par le respect dû à la personne humaine.

Mais ici se placent les objections. On crie à l'usurpation. Celui qui, même par le travail, a occupé la terre, aurait pris la place des autres et nui par là à ses semblables.

Il les aurait donc rendus plus pauvres à jamais. Eh bien! cette objection spécieuse tombe devant un examen sérieux. Si elle était fondée, si je la jugeais telle, croyez le : je ne viendrais pas ici plaider la cause de la propriété au nom du droit et de la justice. Ou bien je me rangerais au nombre de ses adversaires; ou si, sentant combien elle est conforme à tous les instincts de la nature humaine, et nécessaire à la société, je ne pouvais me jeter dans un parti aussi extrême, aussi insensé, je n'aurais garde d'insister sur le côté du droit, je ferais comme ceux qui disent : « Voilons la face de la justice; proclamons que la propriété a toujours existé, et passons outre. »

Mais non, messieurs, il nous faut la justice, nous la voulons! tant que nous ne serons pas sûr de l'avoir pour nous, nous ne passerons pas outre! Et comment ce qui est bon, utile, serait-il injuste? Quelle inconcevable contradiction!

Pour montrer que la propriété n'est pas une usurpation, je ne remonterai pas à la naissance du monde. On pourrait me dire comme à l'Intimé dans les *Plaideurs* de Racine : « *Avocat, passons au déluge!* » Allons aux États-Unis, ou, sans nous déranger, écoutons les voyageurs et les récits qui en arrivent. Ce qui s'y passe aujourd'hui est l'image de ce qui s'est passé dans les temps primitifs; la nature humaine et la nature des choses sont toujours et partout les mêmes.

Un homme né dans le pays même, ou un de ces émigrants qui viennent y chercher fortune, ou même un de ces pauvres Irlandais qui s'y rendent en masse, trouve là des espaces vides. L'État les vend à bas prix. Cela se paye combien? 1 dollar l'acre, c'est-à-dire environ 5 francs. Où est l'usurpation? Tout le monde peut en prendre. Ce que je dis des États-Unis a lieu également dans une de nos possessions françaises, en Algérie. Il y a là aussi des terres publiques non cultivées vendues par l'État pour rien. On le comprend; elles sont infestées souvent par le palmier-nain. Là, comme aux États-Unis, tout est à faire. Il faut arracher la plante

parasite, labourer, semer, récolter. Mais,
dites-vous, cet homme qui use ainsi d'une
terre non occupée n'en est pas moins un
privilégié. Un privilégié! Songez-y; le privilége dont il jouit, beaucoup d'entre vous
et qui ne sont pas des plus heureux se mon-
trent peu soucieux de l'exercer. Vous n'iriez
pas là volontiers. La terre nue! mais savez-
vous ce que c'est que la terre nue? C'est la
ronce et le reptile, c'est le marécage pesti-
lentiel, c'est la lutte, c'est la souffrance sous
les formes les plus pénibles; c'est souvent la
mort, arrivant à la suite de privations hor-
ribles et de maladies qui consument lente-
ment l'héroïque pionnier de la culture et
de la civilisation, sur lequel des sophistes,
pour toute récompense, appellent la malé-
diction! On croit que c'est la terre qui a fait
le propriétaire primitif. Grande et capitale
illusion par laquelle on trompe l'esprit des
travailleurs! La vérité est que c'est le propriétaire qui, à force de labeur, a fait la terre,
en tant que valeur. Cela est si vrai qu'on a
souvent accordé des primes à ceux qui se

livraient à ces cultures ingrates et pénibles.
On considérait qu'ils rendaient un service ;
on n'avait garde de croire qu'ils commissent
une usurpation. Voilà le jugement du bon
sens, le cri de la vérité, le résultat évident
de l'expérience telle que la montre ce qui se
passe aujourd'hui dans les terres neuves.

Est-ce que cela ne réfute et ne confond
pas ce mot de nos jours si fameux : *La propriété, c'est le vol ?* L'auteur de ce mot et du
livre qui en est le commentaire était assurément un homme de beaucoup de talent.
C'était un écrivain remarquable, quoique
fort inégal, un penseur plein de verve, mais
souvent obscur et presque toujours parado-
xal. Son originalité et sa puissance dans la
polémique lui ont créé une célébrité qui
assure plus de durée à son nom qu'à ses
écrits. Mais laissez-moi vous dire que les
attaques contre la propriété qu'il nous
présente comme des idées neuves sont au
contraire extrêmement anciennes. Platon,
chez les Grecs, a critiqué la propriété dans
sa *République* imaginaire. Un écrivain du

xvi° siècle, nommé Thomas Morus, a imaginé une *Utopie*, c'est le titre même de son
livre, où la propriété est attaquée et le communisme glorifié. Je vous ferai remarquer
que , bien que peu fondées en elles-mêmes,
ces attaques de Platon, de Morus et de plusieurs autres, étaient loin de manquer autant
de prétextes sérieux que de nos jours. Dans
l'antiquité païenne , c'est-à-dire quand le
philosophe Platon écrivait, la force, la conquête, l'esclavage, cette propriété odieuse
de l'homme par l'homme, servaient de base
à la société. Au xvi° siècle, la propriété avait
la forme des priviléges féodaux, et le monopole était partout. La propriété acquise par
le travail, l'épargne, le commerce, existait,
mais non comme fait dominant. Les abus
de la propriété étaient partout. Il était
fâcheux, mais naturel, que l'on s'en prît au
principe lui-même, au lieu de n'en critiquer
que les abus ; c'est la marche trop fréquemment suivie par l'esprit humain.

Je lisais il y quelque temps un écrit en
vieux langage d'un ancien écrivain de la

France, Étienne Pasquier. Cet écrit, intitulé : *Le pourparler du prince*, a la forme du dialogue. Un forçat y soutient, contre le garde-chiourme, que les vrais voleurs ne sont pas ceux qui vont au bagne, mais les propriétaires. Voilà l'idée que *la propriété c'est le vol !* Ce vrai philosophe de bagne prétend, en effet, que la propriété est un vol fait primitivement sur le domaine commun, et le vol une simple restitution que se font à eux-mêmes les pauvres gens qu'on a dépouillés, et qui n'ont d'autres moyens de rentrer dans leurs droits. Que dites-vous de ce raisonneur qui veut nous faire accroire que le vol n'est qu'un retour à la justice ? Vous souriez, et votre sourire est la condamnation de pareils sophismes. Avec le même cynisme, il raconte qu'il s'est peu à peu encouragé au vol par la considération des nombreux confrères qu'il avait dans toutes les classes de la société, lesquels je voyois, encore que par moi déguisé, estre d'un mesme mestier que moi, estant loisible à un chacun de rançonner son compagnon

jusques à là moitié du juste prix; » bref,
tous les hommes, marchands et autres, faisant le métier de voleurs, seulement avec
moins de franchise et de sincérité. Ne voilà-
t-il pas un voleur bien impudent? Parce que
les marchands trompent quelquefois sur la
marchandise, il se fait un droit et un jeu
du métier de voleur! Et encore : « Le larron
est celui qui troublant l'ordre de nature,
voulut attribuer à son usage particulier ce
qui estoit commun à tous. Ce ne suis-je donc
point, disois-je, qui doive être appellé larron, mais celuy qui premier mit bornes aux
champs, celuy quy entoura de mur les
bourgades, bref celui qui, plein de doute et
soupçon fortifia les frontières de son pays à
l'encontre de son voisin, et tous ceux géné-
ralement qui establissent toutes leurs lois
sur cette particularité d'héritage et possession! » Vous le voyez : c'est toujours la
même idée qu'il y a eu usurpation, vol posi-
tivement commis par une minorité propriétaire sur la masse du genre humain. Eh
bien! nous avons répondu, messieurs, et à

l'étrange interlocuteur que vous venez de voir en scène et aux accusateurs plus habiles et plus honnêtes de la propriété. Qui donc méconnaîtrait encore que rien n'est plus faux, plus complétement chimérique que cette accusation d'usurpation d'un sol à peine productif et souvent infertile et insalubre avant le travail ?

On dira ou plutôt on a dit : « Mais enfin on a pris la place, et d'autres ne la peuvent plus prendre. » La réponse a été faite par le bon sens, et aussi par la raison plus élevée de ces savants qu'on appelle économistes. Pour bien cultiver la terre, il faut lui faire subir des préparations nombreuses et profondes qui deviennent inséparables du sol lui-même. La propriété foncière c'est moins l'instrument à l'état de nature, qui ne valait presque rien sans travail, que l'instrument perfectionné. Une terre cultivée est comme un laboratoire, une usine. Tout ce que le possesseur y a mis de fécondité par son travail et son capital lui appartient, ce qui de fait et de droit emporte la propriété du fonds.

Les adversaires de la propriété ne se tiennent pas aisément pour battus. Fort bien pour le passé, diront-ils peut-être encore ; mais l'œuvre des pionniers est finie ; les nouveaux propriétaires n'ont plus les mêmes peines à prendre, les mêmes risques à courir, les mêmes dépenses à faire, la terre est domptée, disciplinée. Quelle erreur, messieurs, et comme elle tombe devant l'examen des faits ! La terre vaincue ! Ah ! la terre est un instrument rebelle, coûteux à façonner, et cet instrument n'est pas, croyez-le, moins coûteux à entretenir. Pouvez-vous donc oublier combien les mauvaises herbes repoussent facilement, combien vite les fossés se comblent en se remplissant d'eau, combien l'humidité ou la sécheresse ont vite tout envahi. Adieu les irrigations, les drainages, les clôtures, l'action exercée par les engrais et les amendements, si l'on conteste la propriété du fonds !

Ainsi les faits attestent que la propriété foncière n'a pas le caractère particulier de privilége qu'on a prétendu y voir. Elle ne donne pas plus de revenus que l'industrie et le commerce. Elle a aussi des risques à courir. Elle exige des capitaux souvent énormes. En second lieu, elle est achetée à chaque instant par le capital mobilier. Cela lui ôte encore le caractère de privilége qu'on a cru lui être inhérent en face des autres formes de la propriété dans lesquelles semble éclater plus visiblement la présence du travail.

Voilà pour le droit et l'origine de la propriété : passons à son utilité sociale.


## II


Plusieurs d'entre vous, la plupart, j'aimerais à le croire, ont formé quelques petites épargnes. Quel effet, je vous le demande, produisait sur votre être moral, sur votre conduite, la perspective de cette propriété, car un titre de rente en est une comme un champ? N'était-ce pas d'exciter en vous des résolutions de travail et d'économie? Eh bien! voilà ce que fait, en s'étendant à une grande

3.

multitude d'hommes, la propriété. Elle est
le plus puissant des stimulants aux efforts
énergiques et à l'épargne. Sous le régime
de·la·communauté, chacun n'ayant qu'une
part égale au voisin, c'est à qui fera le moins.
Sous le régime de la propriété, où la quantité, la puissance du travail, sa qualité, les
économies faites par la prévoyance en dépit de
l'appel des grossiers appétits sont comptées
pour quelque chose, pour beaucoup, c'est à
qui fera le plus et le mieux. Il y a eu des essais
de communauté des biens. On a remarqué
que le niveau y était fixé par les plus pares-
seux. A quoi bon en effet des efforts dont on
ne recueille les fruits que dans la proportion
d'un quarante millionième, si on est quarante millions d'hommes. L'essai ne s'est
jamais d'ailleurs produit dans de telles conditions : car le communisme n'a jamais pu
s'appliquer qu'à un petit nombre d'hommes.
    On a cité des preuves frappantes de cette
fécondité au profit de la masse qui résulte de
l'appropriation individuelle. Une lieue carrée
de terre, dans des conditions moyennes

de fertilité, peut nourrir un habitant sans travail. Grâce à l'intérêt individuel, fortement mis en jeu par la propriété, elle en nourrit mille, quinze cents, deux mille, et même plus. Quel fond de profits et de salaires ! Quelle masse d'épargnes d'où naîtront de nouveaux propriétaires ! Et quel accroissement tout d'abord dans la quantité des denrées agricoles au profit commun !

Ne serez-vous pas frappés de ceci que, dans les contrées où la propriété n'existe point, ou bien est mal garantie, les hommes naissent à peine? Une population misérable, clairsemée et barbare y couvre de vastes espaces.

Il y a encore aujourd'hui, en France, une masse de biens communaux; il y en a même beaucoup trop : ils produisent beaucoup moins que les biens appropriés. L'Angleterre a livré à l'appropriation individuelle une quantité de ces biens communaux. Le produit s'est accru dans une proportion énorme. Des villages populeux, aisés, ont succédé à la misère. Quel éloge de la propriété individuelle !

3..

L'esprit d'entreprise appliqué à l'industrie manufacturière et au commerce a-t-il donc moins besoin d'aiguillon que lorsqu'il s'exerce sur la terre par le moyen de l'agriculture. Vous êtes-vous demandé quelle force a créé toutes ces usines, sillonné les mers par des vaisseaux chargés de marchandises, bravé tant de dangers de toute sorte, imaginé, et surtout su féconder les inventions utiles, enfin même éclairé et pavé les rues? Est-ce la seule vertu? Je le voudrais. Est-ce la fraternité sociale, la charité chrétienne? Leur part est certes admirable dans la civilisation ; mais leur rôle ne va pas jusque-là. C'est l'esprit de propriété, l'intérêt individuel, qui a fait ces utiles merveilles. Il s'est trouvé ainsi concourir à l'œuvre utile à tous de la transformation du globe, à l'œuvre sociale tout entière. Chaque jour le même esprit enfante les mêmes prodiges. Faisons au devoir, à la sympathie, à la charité une place croissante. Mais ne nous flattons pas que ces mobiles élevés remplaceront l'action de ce principe fécond, la propriété.

Pour que la propriété ait tout son ressort, suffira-t-il maintenant qu'elle soit individuelle? non, il faut, en outre, qu'elle soit héréditaire, et que le père de famille puisse la transmettre à ses enfants. On a vu encore là un privilége. Sans doute c'est une chance heureuse pour celui qui hérite, mais c'est un droit, le plus respectable des droits, chez celui qui transmet les biens. Le lui ôter, ce serait le dépouiller de l'usage le plus légitime de sa propriété. Ce serait attenter à sa liberté. Ce serait rentrer dans les théories de l'État propriétaire, menant droit à la confiscation, théories funestes au peuple lui-même, que nous venons de signaler et de combattre.

D'ailleurs ne voyez-vous pas que l'héritage est utile à la masse? Combien de produits utiles ne seraient pas nés si la faculté de laisser leurs biens aux enfants était interdite aux pères! Pères de famille, combien de travaux, de privations, ce titre ne vous a-t-il pas plus d'une fois imposés? Sentez-vous votre courage fléchir, vos bras tomber? vous sentez-vous ébranler par les appels de la dissipation et du

plaisir? vous pensez à vos enfants! Vous re-
prenez cœur au travail, vous convertissez en
épargne l'argent qu'allait dévorer quelque
emploi improductif et peut-être funeste. Quel
stimulant que l'esprit de famille! Laisser
l'aisance à ses enfants, oh! l'encourageante
pensée! Otez-la : que d'efforts fructueux,
d'inventions profitables vous faites du même
coup disparaître! Pas d'héritage! Y avez-
vous songé? Mais, pour quelques sommes
insuffisantes à soulager efficacement la misère, que l'on partageait entre la masse, c'est
la perspective d'un éternel abaissement pour
toutes les familles. Nul capital aggloméré,
nulle expérience transmise, nulle tradition;
pas de fils qui, prenant pour point de départ
l'aisance paternelle, s'élance dans les car-
rières qui demandent quelque loisir pour
être parcourues utilement, dignement, avec
éclat. Vous aurez peut-être quelques oisifs
de moins. Qu'importe si les pères le sont
davantage? Et ces fils oisifs, y en a-t-il beaucoup? Combien existe-t-il de fortunes qui
puissent résister longtemps au désordre, sur-

tout avec la rapide division des héritages ?

Mais voici une considération qui est de nature à vous toucher : j'ai dit que la propriété avait revêtu un caractère moins exclusif, plus démocratique, plus populaire, à mesure que le temps marchait, qu'elle s'était généralisée, étendue à plus de choses et à plus d'hommes, affermie, épurée enfin de ses abus et de ses injustes monopoles. Tout cela prouve que bien loin d'être une institution qui s'en va ou décroît, elle n'a pas cessé de gagner du terrain. Je voudrais avoir le temps de vous raconter l'histoire de cette ancienne classe placée au dernier rang qu'on appelait le tiers état, et de vous montrer comment la bourgeoisie, élargissant sans cesse ses rangs, plus riche en devenant sans cesse plus nombreuse, a fait de la propriété mobilière la rivale de la propriété foncière. Ces bourgeois qui firent la révolution de 1789, eh bien, c'étaient des descendants de serfs. Depuis lors combien vous citerai-je d'ouvriers arrivés à la fortune, à l'aisance du moins! Quel vaste capital forment les épargnes populaires, qui sont aussi des propriétés restreintes sans doute, mais susceptibles d'accroissement. La propriété s'est extrêmement divisée depuis l'établissement du Code civil qui établit entre les enfants l'égalité des partages, sauf une portion dont le père de famille dispose à son gré. Le travail fait chaque jour des propriétaires. La preuve que la propriété a rarement les proportions de l'opulence avec laquelle on la confond, se trouve dans le chiffre des contributions. Il y a quelques années on calculait qu'il n'y a en France que 8,000 chefs de famille payant au moins 1,000 francs de contributions; il n'y en a que 15,000, approximativement, payant au moins 500 francs. Au-dessous de ces cotes, voici le tableau offert par des relevés dignes de foi :

| | | |
|---|---|---|
| 67,000 | chefs de famille payant | 300 fr. |
| 110,000 | id. | 200 |
| 220,000 | id. | 125 |
| 480,000 | id. | 50 |
| 3,900,000 | id. | 25 et au-dessous. |

Et l'on traiterait d'aristocratie une propriété foncière dont la plus grande partie est entre les mains de ceux qui payent 200 francs de contributions et au-dessous! La petite propriété a même été fort attaquée de nos jours sous le nom de *morcellement*, comme funeste à l'agriculture. Il est très-vrai que ce morcellement est sur plusieurs points excessif. Prise dans sa généralité, la petite propriété n'en a pas moins produit beaucoup de bien, au point de vue moral et économique. Elle est très-productive par l'énergique travail qu'elle développe. Elle forme des millions de familles attachées au sol. Quant aux maisons, on a estimé que, à Paris, qu'on peut prendre comme type de beaucoup d'autres grandes villes, plus d'un quart a pour propriétaire un homme enrichi par le petit commerce, la truelle, la lime, le rabot. La plupart des autres ont pour maîtres des fils ou petits-fils d'ouvriers et de paysans.

Messieurs, la propriété prendra de plus en plus ce caractère démocratique et populaire dont je vous ai entretenus. Elle deviendra de plus en plus, le passé nous répond de l'avenir, accessible aux masses laborieuses. Si les paysans aujourd'hui sont en grand nombre propriétaires, les ouvriers laborieux et économes le deviendront à leur tour ! Je me reprocherais de faire naître des désirs irréalisables, de même que de flatter trop le tableau de votre situation dont je connais les souffrances. Mais enfin tout tend à généraliser le bien-être et à diminuer la somme de misère. La masse des économies augmente. L'instruction, la moralité, l'association sagement pratiquée non-seulement dans le travail, mais plus encore dans l'épargne et la prévoyance, contribueront pour une forte part à accroître le nombre des propriétaires de capitaux, je n'ai nul doute à cet égard.

Déjà, messieurs, certains essais que je considère, quant à moi, comme des gages d'avenir, ont été faits pour appeler un certain nombre d'ouvriers naguère nécessiteux à la propriété. On vous a parlé ici des cités ouvrières de Mulhouse. Ces maisons ne sont

pas les vastes demeures qu'on a quelquefois
construites sous ce nom de cités ouvrières.
Ce sont, au contraire, de petites maisons qui
appartiennent aux ouvriers eux-mêmes, ou
qui leur appartiendront dans quelques années. En attendant, ils les louent à un
prix très-modéré; et, par le fait seul de
cette location régulièrement payée, en vertu
d'une combinaison que je ne puis vous expliquer en ce moment, ils en sont ou en deviendront, d'ici à peu de temps, propriétaires définitifs. Cette maison, elle peut loger
commodément une famille. Il s'y joint ha-
bituellement un petit jardin. Vous ne sau-
riez croire, combien ce modèle de propriété
ouvrière, imité dans d'autres villes, a déjà
produit d'heureux fruits. Les âmes s'y sont
épurées; les habitudes ennoblies par l'aban-
don du cabaret, les corps s'y sont fortifiés !
La famille ouvrière, trop souvent dispersée
et dissoute par la manufacture, et ne se re-
trouvant que pour quelques heures de nuit
dans de tristes réduits, étroits, incommodes,
insalubres souvent, a trouvé là comme un

nid où elle se développe ; nid d'affections
saintes, nid de verdure aussi, où les enfants
s'ébattent joyeusement et où viennent chan-
ter les oiseaux. Messieurs, j'ai défendu la propriété comme une institution légitime, bien-
faisante, favorable à la masse humaine. Mais
laissez-moi vous le dire en finissant : quand
je la rencontre sous cette forme populaire,
sous cette forme bénie, je fais plus que la
comprendre et la défendre, je m'incline devant elle avec respect et attendrissement. Je
souhaite, et c'est plus qu'un vœu, c'est une
espérance, je souhaite qu'elle se généralise
dans une forte mesure au profit de ces popu-
lations laborieuses, dont tout effort mérite
d'être encouragé et récompensé, en raison
même des difficultés qu'elles ont à vaincre.

FIN.

Impr. L. TOINON et Comp., à Saint-Germain.

# LIBRAIRIE DE L. HACHETTE ET C°

BOULEVARD SAINT-GERMAIN, 77, A PARIS

## BIBLIOTHÈQUE A 25 CENTIMES LE VOLUME

ET A 35 CENT. POUR LES OUVRAGES SOUMIS AU TIMBRE

Format petit in-18

**AUCOC :** *Notions sur l'histoire des voies de communication.*
1 volume...................................................... » 25
**BAUDRILLART** (de l'Institut) : *Vie de Jacquart.* 1 volume. ... » 25
— *Luxe et travail.* 1 volume..................................... » 35
— *L'Argent et ses critiques.* 1 volume.......................... » 35
— *La Propriété.* 1 volume...................................... » 35
**COMBEROUSSE** (Ch. de) : *Les Grands ingénieurs.* 1 volume.. » 25
**DAUBRÉE** (de l'Institut) : *La Chaleur intérieure du globe.* 1 vol. » 25
— *La Mer et les Continents.* 1 vol............................. » 25
**DUVAL** (Jules) : *Des Sociétés coopératives.* 1 volume.......... » 35
**EGGER** (E.), de l'Institut : *Le Papier dans l'antiquité et dans
les temps modernes.* 1 volume............................... » 25
— *Un Ménage d'autrefois.* 1 volume........................... » 25
**LAPOMMERAYE** (de) : *Les Sociétés de secours mutuels.* 1 vol.... » 35
**LAVOLLÉE :** *L'Exposition universelle de 1867.* 1 vol.......... » 25
**LECLERT** (Emile) : *La Voile, la Vapeur, et l'Hélice.* 1 volume. » 25
**LEVASSEUR :** *La Prévoyance et l'Épargne.* 1 vol............. » 35
**MENU DE SAINT-MESMIN :** *L'Ouvrier autrefois et aujourd'hui.*
1 volume.................................................... » 25
**PAYEN** (de l'Institut) : *L'Éclairage au gaz.* 1 volume........... » 25
**PERDONNET :** *Les Chemins de fer.* 1 volume. ............... » 25
— *Utilité de l'instruction pour le peuple.* 1 vol............ » 35
**QUATREFAGES** (de), membre de l'Institut : *Le Ver à soie.* 1 vol. » 25
— *Histoire de l'Homme. I. Unité de l'espèce.* 1 vol.......... » 25
**REBOUL-DENEYROL :** *Aperçu historique sur l'Asile et les Con-
férences.* 1 volume.......................................... » 25
**SIMONIN :** *Le Mineur de Californie.* 1 volume................. » 25
— *Les Cités ouvrières des Mineurs.* 1 vol.................... » 25
**WADDINGTON** (Ch.) : *Des Erreurs et des Préjugés populaires.*
1 volume.................................................... » 25
**WOLOWSKI** (de l'Institut) : *Notions générales d'Économie poli-
tique.* 1 volume............................................. » 35
— *De la Monnaie.* 1 volume.................................. » 35
**WORMS :** *Quelques considérations sur le Mariage.* 1 vol.... » 25

Ces volumes sont la reproduction de conférences faites à l'asile
impérial de Vincennes, sous le patronage de S. M. l'Impératrice.

Imprimerie L. Toinon et Cie, à Saint-Germain.

www.ingramcontent.com/pod-product-compliance
Lightning Source LLC
Chambersburg PA
CBHW071010280326
41934CB00009B/2244